BEI GRIN MACHT SICH IHR WISSEN BEZAHLT

- Wir veröffentlichen Ihre Hausarbeit, Bachelor- und Masterarbeit

- Ihr eigenes eBook und Buch - weltweit in allen wichtigen Shops

- Verdienen Sie an jedem Verkauf

Jetzt bei www.GRIN.com hochladen und kostenlos publizieren

Bibliografische Information der Deutschen Nationalbibliothek:

Die Deutsche Bibliothek verzeichnet diese Publikation in der Deutschen National-
bibliografie; detaillierte bibliografische Daten sind im Internet über http://dnb.d-
nb.de/ abrufbar.

Impressum:

Copyright © 2016 GRIN Verlag, Open Publishing GmbH
Druck und Bindung: Books on Demand GmbH, Norderstedt Germany
ISBN: 9783668476981

Dieses Buch bei GRIN:

http://www.grin.com/de/e-book/370331/trainingslehre-krafttraining-makro-und-
mesozyklusplanung-zielsetzung

Jonas Bader

Trainingslehre. Krafttraining, Makro- und Mesozyklus-planung, Zielsetzung

GRIN Verlag

GRIN - Your knowledge has value

Der GRIN Verlag publiziert seit 1998 wissenschaftliche Arbeiten von Studenten, Hochschullehrern und anderen Akademikern als eBook und gedrucktes Buch. Die Verlagswebsite www.grin.com ist die ideale Plattform zur Veröffentlichung von Hausarbeiten, Abschlussarbeiten, wissenschaftlichen Aufsätzen, Dissertationen und Fachbüchern.

Besuchen Sie uns im Internet:

http://www.grin.com/

http://www.facebook.com/grincom

http://www.twitter.com/grin_com

Deutsche Hochschule für
Prävention und Gesundheitsmanagement
Hermann Neuberger Sportschule 3
66123 Saarbrücken

Einsendeaufgabe

Fachmodul:	Trainingslehre I
Studiengang:	Bachelor of Arts Fitnessökonomie
Datum **Präsenzphase**:	22.08.16 – 25.08.16
Name, Vorname:	Bader, Jonas
Studienort:	**München**
Semester:	**SS 2016**

Inhaltsverzeichnis

1 Diagnose

Im Folgenden werden die allgemeinen und biometrischen Daten der Testperson aufgeführt. Des Weiteren findet eine Einstufung der biometrischen Daten anhand geltender Normwerte statt.

1.1 Allgemeine und biometrische Daten

Tabelle 1: Allgemeine Daten zur Person

Alter:	20 Jahre
Geschlecht:	männlich
Körpergröße:	1,85 m
Körpergewicht:	81 kg
Trainingsmotive:	Kraftsteigerung, Verbesserung der allgemeinen Fitness, Körperfettreduktion
Berufliche Tätigkeit:	Anlagenmechaniker für SHK (körperlich anspruchsvoll)
Aktuelle und frühere sportliche Aktivitäten:	- 8 Jahre Jugendfußball, zweimal pro Woche (von 8-16 Jahren) - ca. 1,5 Jahre Krafttrainingserfahrung, jedoch unstrukturiert, unregelmäßig
Zeitlicher Verfügungsrahmen:	3-4 Trainingseinheiten pro Woche
Allgemeiner Gesundheitszustand	- keine orthopädischen oder internistischen Erkrankungen - gelegentlich Nackenverspannungen - nimmt keine Medikamente

Tabelle 2: Auswertung und Einstufung der biometrischen Daten der Testperson

	Daten d. Testperson:	Normdaten*:	Einstufung:
Blutdruck (systolisch/diastolisch):	123 mmHg / 82 mmHg	120-129 mmHg / 80-84 mmHg	normal
Ruhepuls:	65 Schläge/min.	60 – 80 Schläge/min	normal
Körperfettanteil (KFA):	19,4 %	8 – 20 %	normal

* Normwerte für Blutdruck und Ruhepuls nach WHO (Wollenberg, 2015)

* KFA-Messung mit Caliper; Normwerte nach (Flegal, et al., 2008)

1.2 Krafttestung anhand eines 10-RM Tests

1.2.1 Begründung der Auswahl

Um herauszufinden auf welchem Kraftniveau sich die Testperson befindet, wird vor Beginn des Makrozyklus ein 10-RM Test durchgeführt. Da meine Testperson keine gesundheitlichen Probleme hat und bereits einige Zeit Krafttraining betreibt, ist dieser Test optimal um die gewünschten Ziele zu erreichen, eine gute Vergleichsbasis zu schaffen und vor allem Trainingsintensitäten für den bevorstehenden Makrozyklus ermitteln zu können. Bei dieser Art der Kraftdiagnostik wird das maximal zu bewältigende Gewicht bei einer bestimmten Wiederholungszahl, in diesem Fall 10 Wiederholungen, ermittelt. Dabei entstehen, im Vergleich zu den anderen Verfahren der Krafttestung, weniger Störfaktoren und die Kraft meiner Testperson kann am genauesten getestet werden. Die Krafttestung über einen 1-RM Test wird nicht verwendet, da anhand von dieser Testmethode das Trainingsgewicht erst prozentuell auf die im Training absolvierten Wiederholungen hochgerechnet werden müsste und so Ungenauigkeiten entstehen können. Ein Test über das subjektive Belastungsempfinden scheidet hier ebenfalls aus, da dabei die Gefahr, dass sich die Testperson über- oder unterschätzt, relativ hoch ist.

1.2.2 Testablauf

Zuerst findet ein allgemeines und spezielles Aufwärmen statt, welches dazu dient, die Testperson auf die bevorstehende Belastung vorzubereiten und die Verletzungsgefahr zu minimieren. Anschließend wird der 10-RM Test begonnen. Der Test findet für jede Übung, die im anschließenden Mesozyklus trainiert wird, statt. Im ersten Testsatz wird ein vom Trainer gewähltes Gewicht verwendet, mit dem die Testperson zehn Wiederholungen absolvieren muss. Werden die angestrebten zehn Wiederholungen erreicht, findet ein zweiter Testsatz mit gesteigertem Gewicht statt. Das Gewicht wird, nach Ermessen des Trainers, aber auch nach dem Empfinden der Testperson gesteigert. Sollte der erste Testsatz nicht erfolgreich gewesen sein wird das Trainingsgewicht natürlich verringert. Nach einer drei-minütigen Pause wird der zweite Satz mit ebenfalls zehn Wiederholungen absolviert. Ist dieser wieder erfolgreich findet nach erneuter drei-minütiger Pause ein dritter Satz mit nochmals gesteigertem Gewicht statt. Am Ende wird dasjenige Gewicht notiert, mit welchem gerade noch zehn Wiederholungen konzentrisch und mit richtiger Ausführung absolviert werden konnten. Es muss darauf geachtet werden, dass bei jeder Wiederholung die gleiche Bewegungsamplitude ausgeführt, sowie in der richtigen Geschwindigkeit trainiert wird. Anschließend folgt die nächste Testübung mit gleichem Ablauf.

1.2.3   Ergebnisse des 10-RM Tests

Im Folgenden werden die Durchführung und die Ergebnisse des 10-RM Test tabellarisch dargestellt.

Tabelle 3: Ergebnisse des 10-RM Tests

Testübung	1. Testsatz	2. Testsatz	3. Testsatz	Ergebnis
Kniebeuge	70 kg	75 kg (x)	-	70 kg
Latzug vertikal	60 kg	70 kg	75 kg (x)	70 kg
Bankdrücken Langhantel	80 kg	85 kg (x)	-	80 kg
Rumpfflexion a. d. Maschine	30 kg	35 kg	40 kg	40 kg
Rudern am Kabelzug sitzend	50 kg	60 kg	65 kg	65 kg
Oberarmflexion Langhantel	35 kg	40 kg	42,5 kg (x)	40 kg
Oberarmextension a. d. Maschine	60 kg	70 kg	75 kg	75 kg

x=10 technisch einwandfreie Wiederholungen wurden nicht geschafft

1.2.4   Schlussfolgerungen aus den Testergebnissen

Der durchgeführte 10-RM Test bietet eine gute Möglichkeit die Testperson mit anderen Personen ihres Alters bzw. mit Personen mit ähnlichen körperlichen Konstitutionen zu vergleichen (interindividueller Vergleich). Des Weiteren kann anhand weiterer, später durchgeführter 10-RM Tests die individuelle Kraftsteigerung gemessen und mit vorherigen Tests verglichen werden. So kann die Leistungssteigerung (Kraftsteigerung), ein Ziel des Makrozyklus, meiner Testperson gut dokumentiert und auch überprüft werden. Außerdem eignet sich der 10-RM Test sehr gut um Trainingsintensitäten für den folgenden Mesozyklus, in welchem in diesem Wiederholungsbereich trainiert wird, abzuleiten und das Trainingsgewicht dementsprechend anzupassen.

2 Zielsetzung und Prognose

In der folgenden Tabelle werden die Ziele meiner Testperson in Inhalt, Ausmaß und Zeitbedarf dargestellt.

Tabelle 4: Zielsetzung der Testperson

Inhalt:	Ausmaß:	Zeit:
Kraftsteigerung	25 % mehr maximales Gewicht, bei 10-RM Test von Beginn	4 Monate
Senken des Körperfettanteils (KFA)	Von 19,4 % auf ca. 15 %	7 Wochen
Nackenverspannungen verringern	Von 5-6 auf 2-3 nach subjektivem Schmerzempfinden (Skala 0-10)	6 Monate

Die Testperson möchte durch das Krafttraining eine Kraftsteigerung erreichen, um im Berufsalltag (Anlagenmechaniker) besser zurecht zu kommen und weniger Schwierigkeiten beim Heben von schweren Lasten zu haben. Die Kraft soll nach sechs Monaten Training um ca. 25% im Vergleich zu den vor Trainingsbeginn gemessenen Ergebnissen des 10-RM Tests gesteigert werden. Überprüft wird dies anhand eines weiteren 10-RM Tests mit den gleichen Übungen, der nach dem Makrozyklus stattfindet. Es wird versucht dieses Ziel durch ein Maximalkrafttraining, aber auch ein Hypertrophietraining mit einhergehender Kraftsteigerung, zu erreichen.

Zusätzlich möchte die Testperson ihren Körperfettanteil, sowohl aus ästhetischen als auch aus gesundheitlichen Gründen, senken. Eine Senkung um ca. 5% ist bei der Ausgangslage und in einem Rahmen von 7 Wochen durchaus möglich. Die Körperfettanteilsenkung soll hauptsächlich während der Phase des Kraftausdauertrainings gesenkt werden.

Als ein weiteres Ziel strebt die Testperson eine Verbesserung ihrer hin und wieder auftretenden Nackenschmerzen an. Hierzu wurde die Person gebeten auf einer Skala von 0-10 einzuschätzen wie ausgeprägt diese vorhanden sind. Die Schmerzen um etwa drei Skalenpunkte zu senken ist das angestrebte Ziel. Der gesetzte Zeitraum geht über den

kompletten Makrozyklus, da um Schmerzlinderung zu ermöglichen und auch beizube-
halten ein langfristiges Training notwendig ist.

Da meine Testperson körperlich gesund ist und keine Vorerkrankungen hat, sollte keine
der vorgesehenen Trainingsmethoden problematisch sein.

3 Makrozyklusplanung

3.1 Tabellarischer Makrozyklusplan

Tabelle 5: Makrozyklusplan

	Mesozyklus I	Mesozyklus II	Mesozyklus III	Mesozyklus IV
Dauer	8 Wochen	6 Wochen	5 Wochen	7 Wochen
Trainingsme-thodik	Hypertro-phietraining extensiv	Hypertro-phietraining intensiv	Maximalkraft-training	Kraftausdauer-training
Organisations-form	GK*-Stationstraining	2er-Split Stati-onstraining	GK-Stationstraining	GK-Stationstraining
Einheiten/Woche	3	4	2	3
Übungen/Muskel	1-2	2	1-2	2
Sätze/ Übung	3	3	3	2
Satzpausenzei-ten	75-90 sec.	105-120 sec.	210 sec.	60 sec.
Intensität	65-70% des 10-RM Tests	80% des 6-RM Tests	90% des 3-RM Tests	60% des 15-RM Tests
Wiederholun-gen	10-12	6-8	3	15
Bewegungs-tempo	2-0-2	2-0-2	2-0-X	2-0-2

GK=Ganzkörper

3.2 Erläuterung der einzelnen Mesozyklen

3.2.1 Mesozyklus I

Aufgrund der Ausgangssituation meiner Testperson, seiner Ziele und seines Trainings-
alters von ca. eineinhalb Jahren kann im ersten Mesozyklus, ohne Bedenken, ein extensives Hypertrophietraining absolviert werden. Die Dauer ist auf acht Wochen festgelegt
um wieder Regelmäßigkeit in das Training der Testperson zu bringen, da vorher nur
sehr unregelmäßig und durcheinander trainiert wurde. Vor Beginn des Trainingsab-
schnittes wird ein 10-RM Test durchgeführt. Dieser dient als Referenzgröße für die
Trainingsintensität (Eifler, 2013), (Eifler, 2000). Primäres Ziel dieses Mesozyklus ist
der Muskelaufbau durch Hypertrophieprozesse, zusätzlich soll durch die vermehrte
Muskelmasse eine Kraftsteigerung auftreten. Weiterhin gilt es durch das Training eine
Verbesserung der Nackenbeschwerden der Testperson zu erreichen. Aufgrund des zeit-
lichen Verfügungsrahmens der Testperson sollen drei Ganzkörpereinheiten in Form
eines Stationstrainings abgehalten werden. Es werden pro Muskel ein bis zwei Übungen
durchgeführt, abhängig vom Volumenanteil des jeweiligen Muskels. Pro Übung werden
drei Sätze mit einer Intensität von 65-70% (4 Wochen 65%, dann 4 Wochen 70%) des
zuvor durchgeführten 10-RM Tests absolviert, um einen trainingswirksamen Reiz auf
den Muskel zu setzen. Die Pausenzeiten belaufen sich auf 75-90 Sekunden, um der
Muskulatur ausreichend Zeit zu geben ihre Energiespeicher wieder aufzufüllen. Gene-
rell, bei allen Mesozyklen außer im Maximalkraftzyklus, wird mit einem Bewegungstempo von 2-0-2 trainiert. Das bedeutet, zwei Sekunden exzentrischer Arbeitsweg, kein
Halten am Umkehrpunkt und zwei Sekunden konzentrische Arbeit. Insgesamt gesehen
folgt auf jeden Trainingstag ein Tag zur Erholung, welcher notwendig ist um eine voll-
ständige Regeneration zu erreichen.

3.2.2 Mesozyklus II

Der zweite Mesozyklus hat ebenfalls Muskelhypertrophie mit einer einhergehenden
Kraftsteigerung zum Ziel. Unterschiede zum ersten Mesozyklus sind die gesunkene
Wiederholungszahl und die gestiegene Intensität. Diese beiden Parameter werden ver-
ändert, um die Testperson auf das im nächsten Zyklus folgende Maximalkrafttraining
ausreichend vorzubereiten. Dieses Mal werden vier Einheiten pro Woche absolviert,
allerdings in Form eines Split-Trainings. In diesem werden an zwei aufeinanderfolgen-
den Trainingstagen unterschiedliche Muskeln trainiert, um ein höheres Trainingsvolu-
men und eine bessere Konzentration auf die einzelnen Muskeln zu ermöglichen (2-er

Split, zweimal pro Woche). Der Wechsel auf ein Split-Training wird auch durchgeführt um eine Trainingsmonotonie zu vermeiden und das Interesse der Testperson zu erhalten. Die Pausenzeiten werden, aufgrund der höheren Intensität (80% des vor diesem Mesozyklus durchgeführten 6-RM Tests), ebenfalls verlängert.

3.2.3   Mesozyklus III

Vor Beginn des dritten Mesozyklus wird erneut ein Krafttest (3-RM Test) durchgeführt, um die Trainingsintensität für das nun anstehende Maximalkrafttraining ermitteln zu können. Aufgrund des Ziels der Maximalkraftsteigerung wird nun ein Training im Bereich von drei Wiederholungen mit einer Intensität von 90% des 3-RM Test absolviert. Da die Testperson keine Vorschädigungen oder Ähnliches vorweist ist es grundsätzlich kein Problem ein Maximalkrafttraining durchzuführen. Dennoch werden aufgrund der sehr hohen Belastung pro Woche nur zwei Ganzkörpertrainingseinheiten mit je ein bis zwei Übungen pro Muskelgruppe durchgeführt, um keine Verletzungen zu provozieren. Die Pausenzeiten werden aufgrund der hohen Intensität ein weiteres Mal, auf 210 Sekunden, verlängert. Das Bewegungstempo ist in diesem Mesozyklus anders als in den anderen drei Zyklen. Im Maximalkrafttraining wird zwei Sekunden exzentrisch gearbeitet, am Umkehrpunkt nicht gehalten und dann, anders als zuvor, explosiv konzentrisch gearbeitet. Dies soll dazu dienen, im Berufsalltag unerwartet anfallende schwere Lasten gut bewältigen zu können. Die Gesamtdauer des dritten Mesozyklus beträgt nur fünf Wochen, da es sonst zu Überlastungsschäden an passiven Strukturen kommen kann.

3.2.4   Mesozyklus IV

Der vierte Mesozyklus dient der Testperson einerseits zur Regenration und Anpassung der passiven Strukturen, da diese sich in den vorherigen Mesozyklen, aufgrund der hohen Intensität, nicht im gleichen Umfang wie die aktiven Strukturen anpassen konnten. Andererseits wird in diesem Mesozyklus versucht den Körperfettanteil (KFA) der Testperson zu senken. Deshalb findet hier nun ein Kraftausdauertraining mit eher niedrigerer Intensität (60% des zuvor durchgeführten 15-RM Tests), dafür aber höheren Wiederholungszahlen und kürzeren Pausenzeiten statt. Es wird dreimal pro Woche, für die Dauer von sieben Wochen, ein Ganzkörperstationstraining abgehalten. Das Ziel ist es nach sieben Wochen den KFA auf ca. 15% gesenkt zu haben. Das Kraftausdauertraining findet nach dem Hypertrophie- und Maximalkrafttraining statt, da in diesen Phasen eine Körpergewichtszunahme, aufgrund Muskelwachstums aber auch geringer Fettzunahme, stattgefunden hat. Im jetzigen Mesozyklus wird versucht den Körperfettanteil zu senken, wodurch kein weiterer Muskelaufbau mehr möglich ist, da der Körper nicht gleichzeitig Muskeln aufbauen und Fett verlieren kann. Des Weiteren ist es mit einem erhöhten Muskulaturanteil leichter das Köperfett zu reduzieren, da der Grundumsatz der Testperson nun erhöht ist.

3.2.5 Zusammenfassung

Nach Beendigung des gesamten Makrozyklus werden die zu Beginn erhobenen Daten (Kraft, KFA, Intensität der Nackenschmerzen) erneut erhoben und mit den vorherigen Daten abgeglichen. Es sollte nach erfolgreicher Beendigung des Makrozyklus eine Steigung der Kraft um ca. 25% stattgefunden haben. Dies kann anhand eins 10-RM Tests mit den gleichen Übungen wie zu Beginn überprüft werden. Die erwartete Kraftsteigerung ist als realistisch anzusehen, wenn man bedenkt, dass in Studien von Eifler (2000) und Strack & Eifler (2005) bei fortgeschrittenen Trainierenden bereits nach sechs Wochen eine Kraftsteigerung um durchschnittlich 13,88% möglich war. Der KFA wird ebenfalls wie zu Beginn mit einer fünf-punkt Calipermessung festgelegt. Dieser sollte um ca. 4-5% gesunken sein. Eine Körperfettreduktion von 250-500g pro Woche wird als möglich angesehen. Die Nackenbeschwerden müssen vom Kunden selbst nach subjektivem Schmerzempfinden beschrieben werden, aber auch hier sollte eine deutliche Linderung stattgefunden haben.

4 Mesozyklus I

4.1 Tabellarische Darstellung des Mesozyklus I

Tabelle 6: Mesozyklus I

Übung:	Sätze	Wiederholungen	Satzpause	Intensität	Bewegungsgeschwindigkeit
Kniebeuge	3	10-12	75-90 sec.	65-70%	2-0-2
Latzug vertikal	3	10-12	75-90 sec	65-70%	2-0-2
Bankdrücken Langhantel	3	10-12	75-90 sec	65-70%	2-0-2
Rumpfflexion a. d. Maschine	3	10-12	75-90 sec	65-70%	2-0-2

Rudern am Kabelzug sitzend	3	10-12	75-90 sec	65-70%	2-0-2
Oberarmflexion Langhantel	3	10-12	75-90 sec	65-70%	2-0-2
Oberarmextension a. d. Maschine	3	10-12	75-90 sec	65-70%	2-0-2

4.2 Erläuterung des Mesozyklus I

4.2.1 Allgemeine Erläuterung

Die Testperson trainiert im ersten Mesozyklus ein extensives Hypertrophietraining mit dem Ziel des Muskelaufbaus bei gleichzeitiger Kraftsteigerung. Es werden pro Woche drei Ganzkörpertrainings absolviert. Pro Muskelgruppe werden ein bis zwei Übungen trainiert, je nach Volumenanteil des Muskels. Bei den drei Sätzen, die pro Übung abgehalten werden, liegt die Wiederholungszahl in den ersten vier Wochen bei zwölf und in den folgenden vier Wochen bei zehn. Dementsprechend wird die Pausenzeit von anfänglich 75 Sekunden auf 90 Sekunden gesteigert, sowie die Intensität von 65% auf 70% erhöht. Diese Steigerung findet statt, um die Testperson an das folgende intensive Hypertrophietraining heranzuführen. Das Bewegungstempo bleibt gleich bei 2-0-2, sprich zwei Sekunden exzentrische, kein statisches Halten und zwei Sekunden konzentrische Bewegungsphase. Das zu wählende Trainingsgewicht wird anhand des zuvor durchgeführten 10-RM Tests prozentuell ermittelt.

Bei der Übungsauswahl wurden mehrgelenkige vor eingelenkige Übungen gestellt, da die Konzentration und Koordination, die benötigt wird um mehrgelenkige Übungen richtig auszuführen, zu Beginn den Trainings noch höher ist als im weiteren Trainingsverlauf. Zusätzlich haben die mehrgelenkigen Übungen einen höheren Alltagsbezug, was für die Testperson im Hinblick auf ihren Beruf von Relevanz ist. Es werden sowohl Übungen an Maschinen als auch Übungen mit freien Gewichten trainiert, da die Testperson bereits Erfahrung mit beiden Varianten hat und genügend Eigenstabilisation aufweist, um freie Übungen richtig durchführen zu können.

4.2.2 Erläuterung der einzelnen Übungen

Die Übungen werden anhand von (Keller & Keller-Bircher, 2014) erläutert.

Kniebeuge: Bei der Kniebeuge werden aktiv die Hüftgelenksextensoren sowie die Kniegelenkflexoren trainiert, passiv ist zusätzlich die gesamte rumpfstabilisierende Muskulatur involviert. Die Übung führt zu einer Kräftigung der gesamten Bein- und Gesäßmuskulatur sowie der autochthonen Rückenmuskulatur, welche für die Testperson extrem wichtig sind um schwere Lasten im Berufsalltag bewältigen zu können.

Latzug vertikal: Beim vertikalen Latziehen werden primär die Schultergelenkadduktoren, aber auch Ellbogenflexoren trainiert. Diese sind ebenfalls unerlässlich, wenn Lasten beispielsweise vom Boden aufgehoben und an den Körper herangeführt werden sollen. Des Weiteren wird ein Teil der Muskulatur, der für die Nackenverspannungen sorgen kann, mittrainiert und somit sollten die Schmerzen verringert werden.

Bankdrücken Langhantel: Das Langhantel Bankdrücken ist eine Übung, bei der hauptsächlich die Brustmuskulatur beansprucht wird. Allerdings wirken die vordere Schultermuskulatur sowie die ellbogenstreckende Muskulatur synergistisch. Diese Übung wird trainiert, um auf der einen Seite schwere Lasten vom Körper wegdrücken zu können, z.B. im Berufsalltag. Auf der anderen Seite ist die Brustmuskulatur sehr alltagsrelevant, da sie bei jedem Heben des Arms eingesetzt wird. Zusätzlich fungiert sie als Antagonist zur Rückenmuskultur und trägt zu einer aufrechten Haltung bei. Weiterhin verstärkt sie das Schultergelenk und sorgt somit für ein geringeres Verletzungsrisiko im (Berufs-)alltag.

Rumpfflexion a. d. Maschine: Bei dieser Übung wird die gerade und seitliche Bauchmuskulatur trainiert. Diese ist sehr wichtig für eine aufrechte Haltung in unserem Alltag und dient als Antagonist zur autochthonen Rückenmuskultur. Beide zusammen sorgen unter anderem für eine physiologische Wirbelsäulenform. Hinzu kommt, dass diese Muskeln unerlässlich sind, wenn es darum geht Lasten zu tragen oder anzuheben und dabei die Wirbelsäule zu stabilisieren.

Rudern am Kabelzug sitzend: Beim sitzenden Rudern am Kabelzug werden, aktiv, ähnlich wie beim vertikalen Latzug, die Schultergelenksadduktoren und Ellbogenflexoren trainiert. Passiv ist die Bauch- und autochthone Rückenmuskulatur beteiligt und hält den Körper in aufrechter Position. Hinzu kommt hier noch, dass der mittlere Anteil des Trapezmuskels mitbeansprucht wird. Dieser sorgt im Brustwirbelbereich für eine physiologische Wirbelsäulenform und kann bei einer Schwäche ebenfalls zu Verspannungen und Schmerzen führen.

Oberarmflexion Langhantel: Hierbei werden die Ellenbogenflexoren trainiert. Diese sind wieder sehr alltags- bzw. berufsrelevant. Sie werden bei allen Bewegungen, bei denen eine Last zum Körper hingezogen wird, beansprucht. Zusätzlich wird durch die

Ursprungssehne des langen Kopfes des M. bizeps brachii das Schultergelenk fixiert und verstärkt, was es weniger verletzungsanfällig macht.

Oberarmextension a. d. Maschine: Bei der Oberarmextension wird hauptsächlich der M. trizeps brachii trainiert, welcher bei sämtlichen Bewegungen, bei denen eine Last vom Körper weggedrückt wird, beansprucht wird. Er ist, wie sein Antagonist der M. bizeps brachii, besonders alltagsrelevant.

5   Effekte des Krafttrainings bei Rückenbeschwerden („low back pain" bzw. LWS-Syndrom)

5.1 Studie 1: Effekte maschinengestützten Krafttrainings in der Behandlung chronischen Rückenschmerzes

Tabelle 7: Effekte maschinengestützten Krafttrainings in der Behandlung chronischen Rücken-schmerzens (Stephan, Goebel, & Schmidtbleicher, 2011)

Autoren:	Stephan, A.; Goebel, S.; Schmidtbleicher, D.
Veröffentlichung:	Jahrgang 62, Nr. 3 (2011)
Studienteilnehmer: Gesamt:	74 Teilnehmer, alle mit Rückenschmerzen im frühen Chronifizierungsstadium
Einschlusskriterien:	- Rückenschmerzen seit mehr als 12 Wochen oder mindestens zwei rezidivierende Schmerzschübe pro Jahr seit mindestens 2 Jahren - Chronifizierungsgrad 1 oder 2, Befähigung zum selbstständigen Krafttraining nach Einschätzung des Arztes
Ausschlusskriterien:	- bekannte Osteoporose - instabile Herz-Kreislauf-Erkrankungen, akute Verletzungen und Entzündungen am Bewegungsapparat, motorische Ausfälle, postoperative Zustände - Aktueller/ehemaliger Kundenstatus beim Anbieter

Versuchsgruppe:	58 Teilnehmer:
	- Anteil Frauen/Männer: 53,4%/46,6%
	- Alter: 44,37 ± 10,2
	- Körpergröße (cm): 174,52 ± 10,22
	- Körpergewicht (kg): 75,39 ± 15,97
	- Überwiegend sitzende Tätigkeit: 56,9%
	- Sportlich inaktiv: 34,5%
	- Erfahrung mit Krafttraining: 27,6%
Kontrollgruppe:	16 Teilnehmer:
	- Anteil Frauen/Männer: 62,5%/47.5%
	- Alter: 44,88 ± 13,56
	- Körpergröße (cm): 170,4 ± 10,43
	- Körpergewicht (kg): 71,63 ± 15,02
	- Überwiegend sitzende Tätigkeit: 62,5%
	- Sportlich inaktiv: 43,8%
	- Erfahrung mit Krafttraining: 12,5%
Versuchsaufbau:	Die Versuchsteilnehmer absolvierten über einen Zeitraum von 6 Monaten je Monat 6 halbstündige maschinengestützte Ganzkörper-Krafttrainings. Es wurde an mehreren verschiedenen Geräten jeweils ein Satz pro Training ausgeführt.
	Zur Messung von Schmerz und Beeinträchtigung wurden initial, nach 3 und 6 Monaten die Schmerzskalen Pain Severity (PS), Effects of Pain (EP), eine numerische Ratingskala zur mittleren Schmerzintensität sowie der Oswestry Disability Index (ODD) eingesetzt.
	Die Effekte wurden mittels Effektgrößen d und korrigierender Effektgrößen d_{korr} beschrieben.
Ergebnisse & Schlussfolgerungen:	Die mittlere Schmerzstärke wies mit einer Reduktion von 38% in der Trainingsgruppe und 26% in der Kontrollgruppe nach 6 Monaten einen Nettoeffekt zugunsten des Krafttrainings auf.
	PS ergab keinen Nettoeffekt.
	Das Krafttraining führte gemessen an statistischen und

	klinischen Interpretationsrichtlinien, zu einer relativen Schmerz- und Beeinträchtigungsreduktion.
Fazit:	Ein selbstständiges Ganzkörperkrafttraining mit einer Trainingsfrequenz von 6-mal im Monat eignet sich für Personen mit chronischem Rückenschmerz im Anfangsstadium, um das Schmerzniveau zu senken, das Beeinträchtigungserlebnis zu reduzieren, Kraft aufzubauen und körperliche Inaktivität zu überwinden.

5.2 Studie 2: Krafttraining bei chronischen lumbalen Rückenschmerzen

Tabelle 8: Krafttraining bei chronischen lumbalen Rückenschmerzen (Goebel, Stephan, & Freiwald, 2005)

Autoren:	Goebel, S.; Stephan, A.; Freiwald, J.
Veröffentlichung:	Jahrgang 56, Nr. 11 (2005)
Studienteilnehmer: **Gesamt:**	102 Teilnehmer, alle mit chronischen Rückenschmerzen
Einschlusskriterien:	- chronischer Rückenschmerz seit mindestens 6 Monaten oder - mehr als zwei akute Lumbalgien/Lumboischialgien pro Jahr innerhalb der letzten 2 Jahre mit jeweils mindestens einwöchiger Arbeitsunfähigkeit
Ausschlusskriterien:	- laufender Rentenantrag - sensorische und/oder motorische Ausfälle - Indikation zur Bandscheibenoperation
Versuchsgruppe:	69 Teilnehmer: - Anteil Frauen/Männer: 23,2%/76,8% - Alter: 46,1 ± 8,7 - Berufstätig: 91,2%

	- Vollzeitbeschäftigt: 82,6%
Kontrollgruppe:	33 Teinehmer:
	- Anteil Frauen/Männer: 39,4%/60,6%
	- Alter: 47,1 ± 9
	- Berufstätig: 90,9%
	- Vollzeitbeschäftigt: 72,7%
Versuchsaufbau:	Die Versuchsteilnehmer wurden einer Medizinischen Kräftigungstherapie (MKT) an der MedX-Lumal-Extesnions Therapiemaschine zur isolierten Kräftigung der Lumbalextensoren unterzogen. Ein defizitäres Kraftniveau der Lumbalextensoren gilt als somatischer Risikofaktor für Rückenschmerzen. Zu Beginn (T_0) des Trainings mussten alle Teilnehmer zwei Fragebögen (SF-36 Fragebogen und Funktionsfragebogen Hannover (Rückenschmerz-Version)) ausfüllen, in denen es darum ging, wie sie subjektiv durch ihre Rückenschmerzen eingeschränkt sind und bei welchen Tätigkeiten der Schmerz am stärksten ist. Diese Fragebögen wurden direkt nach der Therapie (Zeitraum: 1 Jahr) (T_1), sowie 12 Monate nach Beendigung (T_2) erneut ausgefüllt. Zusätzlich zu den Fragebögen wurden die Patienten nach weiteren subjektiven Einschätzungen gefragt, u. a. Einschätzung Rückenschmerz und Einschätzung der Arbeitsunfähigkeit. Die Patienten der Kontrollgruppe wurden in einem betriebsärztlichen Zentrum bzw. in orthopädischen Arztpraxen behandelt. Sie mussten nur zu T_0 und T_2 Angaben machen.
Ergebnisse & Schlussfolgerungen:	Bei dem SF-36 Test wurde bei der MKT-Gruppe eine signifikante Verbesserung der Schmerzen festgestellt, bei der Kontrollgruppe gab es hier keine Änderungen. Die Häufigkeit der Rückenschmerztage in den letzten vier Wochen reduzierte sich bei der MKT-Gruppe signifikant (von 21,6 ± 8,4 auf 13,1 ± 10,5). Generell lässt sich festhalten, dass sich alle untersuchten

	Parameter der MKT-Gruppe reduzierten, sprich die Einschränkung durch Rückenschmerzen zurückgegangen ist. Bei der Kontrollgruppe wurde dieser Erfolg nur in wenigen untersuchten Parametern festgestellt.
Fazit:	Zusammenfassend lässt sich festhalten, dass die durchgeführte Studie ein weiterer Beweis (andere Studien mit gleichen oder ähnlichen Ergebnissen werden in der abschließenden Diskussion dieser Studie genannt) für die Funktionalität und die Wirksamkeit der MKT ist.

5.3 Vergleich beider Studien

Beide Studien verfolgen das gleiche Ziel, und zwar herauszufinden, ob verschiedene Arten des Krafttrainings eine Verbesserung bzw. Linderung von chronischen Rückenschmerzen hervorrufen können. Beide Studien arbeiten sowohl mit einer Versuchsgruppe als auch mit einer Kontrollgruppe, um Unterschiede zu nicht am Krafttraining teilnehmenden Personen feststellen zu können. Es werden beide Male sowohl Männer als auch Frauen unterschiedlichen Alters beobachtet. Beide Studien haben zum Ergebnis, dass sich durch Krafttraining, egal ob MKT (Studie 2) oder Kräftigungsübungen an verschiedenen Maschinen (Studie 1), signifikante Linderungen von Rückenschmerzen erzielen lassen.

6   Literaturverzeichnis

Eifler, C. (2000). *Krafttraining nach der ILB-Methode-eine empirische Überprüfung der Trainingseffekte bei Anfängern und Fortgeschrittenen.* Saarbrücken: Universität des Saarlandes.

Eifler, C. (2013). *Empirische Überprüfung der Effekte verschiedener Ansätze zur Intensitätssteuerung im fitnessorientierten Krafttraining.* Saarbrücken: Universität des Saarlandes.

Eifler, C. (2015). *Studienbrief Trainingslehre I - Gesundheitsorientiertes Krafttraining (Rev. 14.015.000)*. Saarbrücken: Deutsch Hochschule für Prävention und Gesundheitsmanagment.

Flegal, K., Shepherd, J., Looker, A., Barry, G., Lori, B., & Cynthia, O. (2008). Comparisons of percentage body fat, body mass index, waist circumference, and waist-stature ratio in adults. *American Journal of Clinical Nutrition.*

Goebel, S., Stephan, A., & Freiwald, J. (2005). *Deutsche Zeitschrift für Sportmedzin.* Abgerufen am 28. August 2016 von http://www.zeitschrift-sportmedizin.de/fileadmin/content/archiv2005/heft11/388-392.pdf

Keller, S., & Keller-Bircher, S. (2014). *Medical Fitness; Indikationsbezogene Übungen.* MVS Medizinverlage Stuttgart.

Stephan, A., Goebel, S., & Schmidtbleicher, D. (2011). *Deutsche Zeitschrift für Sportmedizin.* Abgerufen am 26. August 2016 von http://www.zeitschrift-sportmedizin.de/artikel-online/archiv-2011/heft-3/effekte-maschinengestuetzten-krafttrainings-in-der-behandlung-chronischen-rueckenschmerzes/

Strack, A., & Eifler, C. (2005). *The individual lifting performance method (ILP) - a practical method for fitness- and recreational strength training.* Göttingen: Cuvillier.

Wollenberg, C. (März 2015). *Blutdruckdaten.de.* Abgerufen am 29. August 2016 von https://www.blutdruckdaten.de/lexikon/blutdruck-normalwerte.html

7 Tabellenverzeichnis